MACPHERSON

MAGAZINE chefs

RECETA COL GUISADA CON HUEVO

Romualdo Abellán

UN LIBRO MACPHERSON MAGAZINE

https://macphersonmagazineeditorial.com

Título original: Macpherson Magazine Chef's - Receta Col guisada con huevo

Receta de: Romualdo Abellán

MACPHERSON MAGAZINE

DISEÑO Macpherson Magazine   DIRECTOR ARTÍSTICO Macpherson
Magazine
JEFE EDITORIAL Macpherson Magazine DIRECTOR EDITORIAL Javier Rodríguez
Macpherson

CONTROL DE PRODUCCIÓN
Macpherson Magazine

MACPHERSON MAGAZINE

EDITOR ARTÍSTICO Macpherson Magazine
EDITOR EJECUTIVO Macpherson Magazine

Publicado originalmente en España en 2019 y revisado en 2019.
Esta edición: publicada en 2019 por
Macpherson Magazine, Barcelona

Publicación de Editorial Macpherson Magazine, Inc.

www.macphersonmagazineeditorial.com

Col guisada con huevo, receta fácil con pocos ingredientes

Esta receta de col guisada con huevo está inspirada en una forma típica de guisar las coles en Andalucía que se llama esparragar.

Preparación: 30
min. **Dificultad:** Fácil **Personas:** 3

Guisote fácil, guisote bueno. Ese es el planteamiento. El condimento que empleamos para esta receta de col guisada con huevo es un majado de ajos y pan frito, comino y pimentón. En mi vida hubiera pensado que la col guisada con huevo pudiera estar tan buena. Compartimos contigo este plato tan socorrido, al genuino estilo andaluz.

Ingredientes

Para el majado:

- Pan, 2 rebanadas
- Dientes de ajo, 5
- Pimentón de la vera, 1 cucharada
- Comino, 2 cucharadas
- Aceite, 3 cucharadas
- Agua, 50 ml

Para el guiso:

- Col, 1/4
- Huevos, 2
- Sal, al gusto
- Popurrí pimientas, al gusto

1: Freír ajos y pan

Lo primero es echar abundante aceite en la sartén u olla que vayamos a emplear. Tened en cuenta que para hacer las cosas más fáciles, en esta sartén prepararemos después la col.

Dicho esto, nada más tengamos el aceite a buena temperatura, añadimos los 5 dientes de ajo. Con piel y todo, apenas con un golpe para que se abran ligeramente. Que doren. Los reservamos en cuanto se tuesten.

En ese mismo aceite, freímos dos buenas rebanadas de pan. El que más os guste, ya que dará sabores muy distintos al majado. Cuando quede bien crujiente por ambos lados, reservamos.

Dejamos la sartén al fuego mínimo y no tiramos el aceite empleado. Volveremos en 2 minutos para echar la col.

2: Preparar el majado

cocinillas.es

El majado lo cambia de todo. Añade una fuerza a los guisos que desconocía por completo.

Si tenéis mortero, procedemos este paso como antaño. Si tenéis batidora, lo hacéis tal que así: verted los ajos fritos y pelados, las rebanadas de pan, un chorrito de agua (50 ml) y el generoso condimento de comino y pimentón. Batimos hasta conseguir una salsa espesa.

Despertamos ese color bermejo que solo significa algo: el guiso de col con huevo te va a salir para chuparte los dedos.

3: Sofreír la col y añadir el majado

cocinillas.es

Tal y como aparece captado en las imágenes: como por fascículos, en cuatro cómodas entregas.

Tenéis a mano la sartén al fuego mínimo, ¿verdad? Subimos a fuego medio y vertemos la cantidad de col. Salpimentamos. Le damos algo de color y removemos bien. Queremos que la col quede un poco más tierna.

En apenas 4 minutos, podremos añadir el majado. Segundo paso completo.

Si meneáis todo bien e integráis esos condimentos, necesitaréis otro chorrito de agua de unos 50 ml para llegar a la fotografía número 3. Ese agua hará que la col se guise con toda la salsa para que su textura sea agradable al paladar.

Finalmente, pasados unos 15 minutos y habiendo reducido la mezcla de ingredientes hasta nuestro gusto, echamos dos huevos directamente sobre el guiso. Última fotografía, última parada. El calor de los últimos 3 minutos hará que se cocinen. Nada más cuajen, servimos.

4: Servir

Como tantas otras buenas recetas: de la olla
o sartén al plato, sin mediaciones raras.
Colocad un huevo sobre el propio guiso. Si
queréis, una pizca de pimienta negra o de
popurrí de pimientas sobre el huevo.

Notas

Esta es la transcripción de una receta de mi suegra, natural de Sevilla. Pura literatura: de la oralidad, a la escritura.

Según me comentan las fuentes de mi señora y mi suegra, a esta manera de guisar se le llama *esparragao* (esparragado). Es muy frecuente en Andalucía esparragar. El relato popular señala que la palabra se originó cuando se preparaban los espárragos trigueros con el majado tradicional que aquí hemos propuesto. Parece ser que con el paciente caminar del tiempo, esta manera de preparar espárragos se extendió y adaptó a otros guisos e ingredientes. Para "esparragar", simplemente, tenemos que agregar un majado a la verdura que hayamos escogido como base para el guiso.

Es muy común preparar este tipo de guiso con garbanzos, cardos, espinacas, acelgas, tagarninas, berzas o brócoli. También es lugar común guisar con una buena pieza de chorizo, cuya grasa también le proporciona un sabor muy intenso y una gama cromática todavía más incendiaria. Por último, es importante señalar lo que sucede con muchos otros guisos en cuanto a preferencias personales.

Si os gusta más caldoso, únicamente tenéis que regarlo con más agua. Si por el contrario os gusta espeso, como es nuestro caso, emplead como referencia las cantidades de esta receta.
Tantos años viviendo en Andalucía y es en Madrid donde termino probando esta receta de col guisada con huevo, preparada con ese *majao* tan característico. Desde Cocinillas, os recomendamos probar este guiso y, en general, agregar el majado a otros guisos para que nos contéis qué os parece.

La Editorial Macpherson Magazine trae un nuevo libro, pero esta vez un libro de recetas o guía. Para poder hacer Col guisada con huevo, se mostrara paso a paso y con fotografías. Macpherson Magazine a partir de ahora, lanzará un libro de recetas de cada comida.

Lightning Source UK Ltd.
Milton Keynes UK
UKRC020920081019
351188UK00009B/110